Tú que eras parte de mí

Sofia J. Ross

Copyright © 2023 Sofia J. Ross - Todos los derechos reservados.

Primera edición: Junio 2023

Ninguna parte de esta obra, incluidos textos, imágenes, gráficos o cualquier otra forma de contenido, puede ser reproducida, distribuida, transmitida, almacenada en un sistema de recuperación de información o utilizada en cualquier forma o por cualquier medio, ya sea electrónico, mecánica, fotocopiadora, grabación o cualquier otra cosa, sin el consentimiento previo por escrito del titular de los derechos de autor.

Todas las citas o referencias de esta obra deben estar debidamente acreditadas al autor o al titular de los derechos de autor, de conformidad con las leyes de derechos de autor aplicables.

La violación de estos derechos de autor será perseguida de acuerdo con las leyes nacionales e internacionales de derechos de autor.

Por favor, respete el trabajo del autor y obtenga el permiso apropiado antes de cualquier uso no autorizado o reproducción de esta obra.

Poesie:

Lo que pudo haber sido, pero no fue.	10
Si...	12
Me gustaría...	14
Las alas de la libertad.	16
Voy a estar contigo.	18
La cura.	20
No te conformes con eso.	22
No te deseches.	24
Ya es tarde.	26
Me gustaría...	28
Qué es el amor.	30
Abandono.	32
La sombra de tu recuerdo.	34
Los obstáculos del corazón.	36
Desde que te fuiste.	38
Una entre tantas...	40
Lo esencial.	42
Búscame.	44
La llama.	46
La verdadera riqueza.	48
Sin palabras.	50
Mi refugio.	52
Agujero negro.	54
Pedazos de mí.	56
Decidí.	58
Estaré allí.	60
Navegar.	62
Resucitar.	64
Aprender a amarme.	66

La metamorfosis.	68
La mejor arma.	70
Como a una mariposa.	72
Alrededor de la primavera.	74
La flor silvestre.	76
La decisión.	78
Sobreviviente.	80
Los gestos no mienten.	82
Se vuelves.	84
Tus palabras ya no hieren.	86
Sin arrepentimientos.	88
Sé auténtica.	90
La elección.	92
Las cosas buenas.	94
La diferencia.	96
Todo es necesario.	98
Escuchar de verdad.	100
El renacimiento.	102

Tú que eras parte de mí

Prólogo

Querida lectora,

Te encuentras ante un libro que es mucho más que una simple colección de poemas y citas. Estas páginas contienen la fuerza, la vulnerabilidad y la esperanza de una joven que ha experimentado el dolor más profundo y ha elegido transformarlo en un canto de renacimiento. Este libro, titulado "Tu que eras parte de mí", es un regalo que la autora ha querido compartir contigo, con la esperanza de que pueda sanar tus heridas y reavivar tu fe en el amor.

La autora ha enfrentado la oscuridad de la decepción y la pérdida con valentía y determinación. Ha atravesado el abismo del amor traicionado y ha encontrado su camino hacia la luz. Ha decidido recoger su dolor, sus esperanzas y sus lágrimas en palabras que llegan directamente al corazón. Y así, página tras página, ha tejido una trama de poesía que se nutre de su experiencia vivida, sacando de lo más profundo de su alma.

Estos poemas son como hilos delicados que se entrelazan con tu historia, tus emociones y tus luchas internas. Mientras lees, podrás sentir el calor de la autora que toma tu mano y te acompaña en su viaje de curación. Podrás sumergirte en su sinceridad desarmante y descubrir que no estás sola, que el dolor que has experimentado es compartido por muchas otras almas.

Pero este libro no se detiene en el dolor. Es un himno a la esperanza, al renacimiento y a la posibilidad de volver

Tú que eras parte de mí

a creer en el amor. La autora, con su voz empática y auténtica, te anima a mirar más allá de las cicatrices, a encontrar la belleza en la vulnerabilidad y a renacer como una mariposa con alas nuevamente fuertes y radiantes.

Toma este libro en tus manos como un regalo precioso, como un compañero de viaje que te apoya en el camino hacia la curación. Deja que las palabras de la autora resuenen en lo más profundo de tu ser y te guíen hacia una nueva luz positiva. Que su valentía y compasión te inspiren a levantarte, a creer nuevamente en el amor y a descubrir la maravilla de un corazón que se abre a la posibilidad de amar de nuevo.

Con cariño y esperanza,

Sofía J. Ross

Tú que eras parte de mí

Lo que pudo haber sido, pero no fue.

Habría deseado amarte,
dar forma a estas emociones ocultas,
liberarlas como mariposas en el viento,
pero la vida nos llevó por caminos diferentes
y todo lo que queda
es un sueño agridulce
de lo que podría haber sido
y nunca fue.

Tú que eras parte de mí

*Sé que el dolor se irá
solo cuando haya terminado
de darte su lección.*

Tú que eras parte de mí

Si...

Si tan solo hubiera estado más presente,
quizás hubiera podido alimentar nuestro amor
con cada pequeño gesto,
hubiera podido sentir el calor de tus palabras,
hubiera podido susurrar promesas a tu oído,
que habrían fortalecido nuestro vínculo.

Pero ahora,
solo me queda el arrepentimiento
por aquel tiempo perdido
y la esperanza de un futuro
donde mi presencia
pueda seguir importando para ti.

Tú que eras parte de mí

El abandono es como una sombra silenciosa que engulle las promesas y apaga las esperanzas, dejando el corazón en un invierno frío.

Tú que eras parte de mí

Me gustaría...

Me gustaría ser el vendaje que cierra cada una de tus heridas,
el bálsamo que alivia todo tu dolor,
la luz que ilumina tus momentos más oscuros,
porque amarte significa desear ver la felicidad reflejada en tus ojos,
cada día,
en cada instante.

Tú que eras parte de mí

*El tiempo no arregla las cosas,
te hace entenderlas.
Para arreglarlas, debes ocuparte tú.*

Tú que eras parte de mí

Las alas de la libertad.

Dejarte ir fue como liberar
a un pájaro al que había cuidado
con amor y dedicación;
verlo volar lejos
partió mi corazón,
pero sabía que su libertad
era más importante
que mi soledad.

Tú que eras parte de mí

*Pasé toda una tarde
en el sofá mirando el techo,
y creo que no hice más
que pensar en ti.*

Tú que eras parte de mí

Voy a estar contigo.

Te enviaré un beso con el viento,
confiándolo a sus suaves caricias.
En el susurro del aire,
llevará mi amor hacia ti.
Aunque no me veas,
sabrás que estaré allí,
siempre junto a ti.

Tú que eras parte de mí

*Estoy cansada
de moverme siempre
hacia alguien
que permanece inmóvil.*

La cura.

No te conformes con migajas de afecto,
Busca la felicidad que mereces, el verdadero respeto.
La infelicidad es privarte de lo que mereces,
Cuida de ti mismo, sé fiel a tu dignidad.

Tú que eras parte de mí

Es extraño cómo el valor de la presencia de una persona se vuelve evidente solo cuando nos encontramos frente a su ausencia.

Tú que eras parte de mí

No te conformes con eso.

No te conformes con un amor diluido,
que no encienda la llama en un corazón enamorado.
Espera con paciencia, confianza y esperanza,
un amor que te llene de alegría y bonanza.

La felicidad brilla en una espera sincera,
por un amor que te brinde la luz que anhelas.
No temas la soledad, no la aceptes,
espera el amor verdadero, que brille como una estrella.

Tú que eras parte de mí

*La infelicidad se oculta en aceptar
a cualquiera solo para evitar la soledad,
pero encontrar la verdadera felicidad requiere
el coraje de esperar un amor auténtico,
en lugar de conformarse con compromisos.*

Tú que eras parte de mí

No te deseches.

Dirige tus pasos hacia aquellos que se acercan a ti.
Un viaje compartido no requiere palabras.

El ritmo de la reciprocidad
es la melodía que guía el camino,
un contrapunto silencioso en cada paso.

Solo a ellos dedica tu trayecto,
hasta el último aliento.

Tú que eras parte de mí

*Llegará un momento en el que
aquellos que te hayan tratado mal
se arrepentirán.
Pero para entonces será demasiado tarde para ellos.*

Tú que eras parte de mí

Ya es tarde.

A veces, estamos tan ocupados
siguiendo el camino de los demás
que nos olvidamos de nuestro propio camino.

Y luego llega un momento,
un momento suspendido entre el crepúsculo y el amanecer,
un momento de silencio punzante,
cuando nos damos cuenta de que estamos perdidos.

Y a veces, es demasiado tarde.
Demasiado tarde para retroceder,
demasiado tarde para corregir los errores.

Pero en esa amarga conciencia,
también hay una oportunidad.

La oportunidad de encontrarnos a nosotros mismos,
de aprender de nuestros errores,
de renacer de nuestras cenizas.

Porque solo cuando nos perdemos
es cuando realmente podemos encontrarnos.

Tú que eras parte de mí

*Colócate en primer lugar de vez en cuando.
No es egoísmo, ¡es necesario!*

Tú que eras parte de mí

Me gustaría...

Me gustaría hacer contigo lo que el sol hace con el mar,
despertar la ola, abrazar el horizonte,
liberar el canto del viento.
Bailar contigo en el tiempo de la luz,
como el sol danza sobre el mar al atardecer.

Me gustaría ser el sol que brilla en tu rostro,
el calor que derrite tus inviernos,
y la luz que revela tu profundidad.

Me gustaría hacer contigo lo que el sol hace con el mar,
renovar, brillar, despertar.

Tú que eras parte de mí

*Las atracciones físicas son comunes,
las conexiones mentales son raras.*

Tú que eras parte de mí

¿Qué es el amor?

El amor es una invitación,
extendida con ternura,
no solo a la forma,
sino a la esencia.

No es un llamado
a un abrazo de sábanas,
sino una oferta
para compartir la vida.

Tú que eras parte de mí

*Vales demasiado
para ser
el ocasional
de alguien.*

Tú que eras parte de mí

Abandono.

El abandono se desliza como una sombra silenciosa,
devorando promesas, apagando esperanzas.
Deja el corazón en una soledad fría,
un paisaje invernal sin refugio alguno.

Pero la sombra pasa, el corazón persevera,
y con el tiempo, incluso la soledad puede florecer,
revelando en su seno silencioso,
un nuevo comienzo después del final.

Tú que eras parte de mí

*¡Si nadie piensa en ti,
piensa en ti mismo!*

Tú que eras parte de mí

La sombra de tu recuerdo.

Tu amor era como el amanecer,
me iluminó desde la oscuridad,
pero como el sol más brillante,
desapareció demasiado pronto,
dejándome en la sombra de tu recuerdo.

Tú que eras parte de mí

*Quien no quiso cuando pudo,
no podrá cuando quiera.
Saludos cordiales:
la oportunidad y el tiempo.*

Tú que eras parte de mí

Los obstáculos del corazón.

Los obstáculos del corazón
son como muros invisibles,
pueden parecer insuperables,
pero cada uno de ellos esconde una valiosa lección.

Nos enseñan a luchar,
a perseverar,
a respetar y amar aún más,
hasta que finalmente
encontremos la llave para superarlos.

Tú que eras parte de mí

*Las acciones son lo que cuenta,
no las palabras.*

Tú que eras parte de mí

Desde que te fuiste.

Los días se han vuelto más largos
desde que te fuiste.
Cada amanecer trae consigo el eco de tu despertar,
cada atardecer la sombra de tu adiós.

Hay un silencio en el que te busco,
una calma donde te espero.
El tiempo se ha detenido desde que te fuiste,
pero sigue avanzando,
arrastrando consigo los recuerdos
y dejando deseos no expresados.

Desde que te fuiste,
estás en todas partes y en ningún lugar.

Una despedida infinita,
una promesa de recuerdos,
un susurro de amor en el aire que respiro.

Tú que eras parte de mí

*Hay 8 mil millones de personas en el mundo.
8 mil millones de almas.
Y a veces... solo necesitas una.*

Tú que eras parte de mí

Una entre tantas...

Creía ser la única,
la única estrella en tu cielo nocturno.
Pero tus ojos divagaban,
buscando otras luces,
explorando otros horizontes.

Y en ese vagar, comprendí:
era solo una entre tantas,
un reflejo fugaz
en tu universo infinito.

Tú que eras parte de mí

*Nada es más poderoso
que un corazón que vuelve a sonreír.*

Tú que eras parte de mí

Lo esencial.

Vagas por tierras lejanas,
sigues el canto de las sirenas,
buscando escapar,
un refugio,
olvidar.

Pero no importa lo que hagas,
no importa dónde vayas,
no puedes huir de ti mismo,
no puedes esconderte en el silencio.

No eres una hoja a la deriva,
no eres un eco perdido,
eres el viento,
eres la voz,
eres la esencia indómita.

No trates de escapar,
no trates de esconderte.

Acepta quién eres,
abrázate a tu luz,
sé tú mismo en cada momento..

Tú que eras parte de mí

*No tengas miedo de perder a las personas.
Ten miedo de perderte a ti mismo
tratando de complacer a todos.*

Tú que eras parte de mí

Búscame.

Si tardas en encontrarme, persevera. Si no me encuentras en ningún lugar, busca en otros sitios, porque allí estaré, esperándote con los brazos abiertos.

Y si no puedes encontrarme en ningún lado, mira dentro de ti, porque allí resido.

En el latido de tu corazón, en el eco de tus pensamientos, estoy presente, indisolublemente unida a ti.

Tú que eras parte de mí

*Todos estamos en busca de algo,
y al final, cuando lo encontramos,
deseamos algo más.*

Tú que eras parte de mí

La llama.

Sigue la llama que arde en tu interior,
incluso cuando todo parezca imposible.
El amor es el faro que guía el camino,
incluso cuando el mundo parezca estar de cabeza.

Tú que eras parte de mí

*Espero que siempre puedas ver a las personas
exactamente como son,
y no por lo que imaginas que son.*

La verdadera riqueza.

El amor no busca riquezas ni bienes materiales,
se alimenta únicamente de sí mismo, sin intereses triviales.
No se apropia ni se deja poseer,
pues el amor es completo, no necesita nada más.

Así que permite que el amor sea tu guía,
libera tu corazón, abraza su luz pura y cándida.
Porque el amor, al ser lo que es,
es la mayor riqueza que jamás podrás poseer.

Tú que eras parte de mí

*No es él quien sigue lastimándote,
sino tú quien todavía le das
la oportunidad de afectar tu estado de ánimo.*

Tú que eras parte de mí

Sin palabras.

Entre el bullicio de la multitud,
en la intimidad de nuestro ser,
nos encontramos nosotros dos,
felices de estar juntos,
hablando con miradas,
sin necesidad de palabras.

En el ruido del mundo exterior,
encontramos un oasis de tranquilidad,
donde el amor se expresa sin palabras,
en cada mirada, cada sonrisa, cada caricia.

Tú que eras parte de mí

*Lamentablemente, a menudo estamos inclinados
a juzgar a los demás.
Pero recuerda que las cosas
no las ves como son,
sino como eres tú.*

Tú que eras parte de mí

Mi refugio.

Tú, como el mar,
una danza infinita de emociones.
Olas que acarician la arena,
tormentas que despiertan el alma.

Tú, tranquilo como una laguna,
majestuoso como una ola de huracán.
Tu abrazo envuelve cada orilla,
entregando paz y misterio.

En tus brazos encuentro consuelo,
el confort que tanto anhelo,
eres el lugar donde puedo ser yo misma,
mi refugio.

Tú que eras parte de mí

*Hemos vivido una vida plena,
hemos recorrido todos los caminos,
y lo más importante
es que lo hemos hecho a nuestra manera.*

Tú que eras parte de mí

Agujero negro.

Eres un agujero negro, oscuro y sin fin,
Arrastras almas hacia el abismo más profundo.
Pero yo me he elevado, me he alejado de ti,
Ya no serás carcelero, he encontrado mi libertad.

Tu naturaleza oscura, te niegas a admitirla,
Siembras engaño, causas un dolor interminable.
Pero he descubierto la verdad, no permitiré ser engullida,
Me he liberado, no podrás traicionar mi esencia.

Tú que eras parte de mí

*Por más que lo intentes,
no puedes escapar de ti mismo.*

Tú que eras parte de mí

Pedazos de mí.

Los equivocados tienen un papel que desempeñar,
son piedras encantadas en el camino a recorrer.
Me hacen sentir el tormento de su ausencia,
pero me enseñan la fuerza de la resiliencia.

Así, mientras el dolor se funde en el viento,
descubro que no estoy sola en mi tormento.
Los pedazos de mí que dejé atrás,
son un llamado al verdadero cambio.

Así que sonrío a los equivocados,
porque me han mostrado mi verdad oculta.
Y mientras el dolor se desvanece lentamente,
resurjo más fuerte, más viva en el presente.

Tú que eras parte de mí

La única cosa que puedes cambiar en los demás es tu actitud hacia ellos.

Tú que eras parte de mí

Decidí.

Ya no quiero esperar más,
quiero aprovechar el momento,
quiero bailar con el tiempo,
y vivir sin temor.

Ya no quiero esperar más,
las oportunidades pasan rápido,
y quiero agarrarlas todas,
antes de que se desvanezcan.

Ya no quiero esperar más,
la vida es una obra en movimiento,
y quiero ser el artista,
que la pinta sin arrepentimiento.

Ya no quiero esperar más,
porque la vida está aquí y ahora,
y en mi corazón resuena,
la urgencia de vivir sin miedo.

Tú que eras parte de mí

*La cosa más difícil
es aprender
a estar solos
de nuevo.*

Tú que eras parte de mí

Estaré allí.

Estoy aquí para ti, para escucharte,
cuando el peso del dolor parece abrumador.
Sí, entiendo el cansancio que sientes,
cuando el corazón está agotado y la sonrisa desaparece.

Las palabras pueden parecer vacías,
pero quiero que sepas que no estás sola.
Sé amable contigo misma, date tiempo,
para sanar, para respirar, para dejar ir.

Explora nuevos caminos, pequeños pasos a la vez,
buscando pasiones y fuentes de alegría.
Encuentra momentos de gratitud en lo cotidiano,
descubre la esencia de la vida que aún te espera.

Sé amable contigo misma, repite estas palabras,
que todo pasará.
Y recuerda, incluso en la noche más oscura,
amanecerá, trayendo una nueva esperanza.

Tú que eras parte de mí

*Permítete sentir
todas tus emociones
sin etiquetarlas
de ninguna manera.*

Tú que eras parte de mí

Navegar.

En el vasto océano de dudas navego,
entre olas inciertas que danzan en el tiempo.
Pero con confianza me elevo, como una vela radiante,
descubriendo mi verdadero ser, sin temor.
Encuentro mi valor en las profundidades del alma,
donde reside una luz eterna y refinada.
Soy un faro resplandeciente, guía de mi destino,
navego en el océano de la vida con una sonrisa divina.

Tú que eras parte de mí

*Es solo cuando dejas ir
todas las cosas que aferras
y que no te pertenecen,
que puedes encontrar tu camino.*

Tú que eras parte de mí

Resucitar.

En un caleidoscopio de cambios despierta,
una esencia ardiente que se eleva de las cenizas.
Sin miedo, sin prisa por ser domesticada,
el fuego que arde dentro de ella, libre para danzar.

Las viejas cadenas se rompen, sin arrepentimientos,
una metamorfosis audaz, sin límites ni restricciones.
Las heridas del pasado se transforman en nueva fuerza,
mientras abraza la vida con impulso y valentía.

Ningún desafío puede apagar su llama interna,
pues ahora alberga un fuego eterno y superior.
Así, en la transformación, se libera de las cadenas,
acogiendo la autenticidad de su nueva forma.

Tú que eras parte de mí

*¿Alguna vez has dicho "adiós" a alguien
y en tu interior has esperado que luche
para no dejarte ir?*

Tú que eras parte de mí

Aprender a amarme.

Hay días en los que aprender a amarme
parece la aventura más audaz que jamás haya vivido.
Un viaje dentro de mí, en el laberinto de la autoestima,
explorando las profundidades de mi ser más íntimo.

Es un sentimiento salvaje, como un torrente impetuoso,
que arrasa con todas las dudas y temores,
descubriendo la belleza oculta, el valor precioso,
que reside en mí, un tesoro por explorar.

No es un camino fácil, ni lineal,
sino una odisea de descubrimiento y comprensión.
A través de los desafíos y los momentos de vulnerabilidad,
aprendo a amarme, a abrazar mi verdadera esencia.

Tú que eras parte de mí

*Me he hecho una promesa,
que no entraré en guerra conmigo misma
por nadie más, nunca más.
Esta vez elijo a mí misma.*

Tú que eras parte de mí

La metamorfosis.

Crecer implica transformación,
cada flor sigue su propio ritmo,
no todas florecen al mismo tiempo,
pero cada una despliega su encanto a su debido tiempo.

Algunas pueden florecer temprano y con pasión,
mientras que otras tardan más en florecer.
Sus caminos divergentes no significan fracaso,
sino que testimonian la singularidad de cada flor que florece.

Florecemos como flores, cada una en su propio tiempo,
llenamos el mundo con colores y aromas distintos.
Y mientras cambiamos de forma, descubrimos la verdad,
que el crecimiento es un proceso maravilloso,
sin fin y sin edad.

Tú que eras parte de mí

*Cuando todo iba mal,
¿quiénes fueron las personas que estuvieron a tu lado?*

Tú que eras parte de mí

La mejor arma.

¿Cuántas veces más permitirás
que sus armas te empujen a reaccionar?
La fuerza reside en tu interior,
no dejes que su juego te lastime.

Sé como el océano sereno y profundo,
que permanece firme a pesar de las olas.
Rechaza ceder ante la provocación,
y elige en cambio tu verdadera intención.

No permitas que sus armas
sean motivo para perder la calma.
En tu serenidad encontrarás tu fuerza,
y tu respuesta de "no" será tu arma.

Tú que eras parte de mí

*Y dejé algunas partes de mí
dentro de las personas equivocadas.*

Tú que eras parte de mí

Como a una mariposa.

Como mariposas que emergen del capullo,
la vida se abre en un flujo continuo.
No hay obstáculo que pueda detenerla,
siempre encuentra una forma de seguir adelante.

Las mariposas despliegan sus alas con gracia,
la vida se expande con valentía y confianza.
Enseñan que la transformación es parte de nosotros,
que la evolución es una constante en nuestra existencia.

Así como las mariposas danzan en el aire,
la vida encuentra una forma de alzar el vuelo.
A través de los cambios y desafíos que enfrenta,
se abre a nuevas posibilidades, a un futuro luminoso.

Tú que eras parte de mí

*Piensa que tarde o temprano te reirás a carcajadas,
porque recuerda,
cuando ya no te importe nada,
todos vuelven.*

Tú que eras parte de mí

Alrededor de la primavera.

Avanza con seguridad hacia un nuevo comienzo,
como si todo lo que vino antes fuera solo un sueño,
un largo invierno que ahora se desvanece en el tiempo.

Avanza, con paso firme y confiado,
hacia el horizonte que se abre frente a ti.
Lo que ha sido es solo un capítulo de tu historia,
ahora es el momento de escribir el futuro que sueñas.

Así, abraza el nuevo comienzo con fervor,
como si cada día fuera una promesa de renacimiento.
Deja que el pasado sea solo una dulce melodía,
mientras bailas hacia el encanto de una eterna primavera.

Tú que eras parte de mí

*Ámate tanto
que no permitas que nadie
te haga sentir equivocada nunca más.*

Tú que eras parte de mí

La flor silvestre.

Ellos olvidan que soy una flor silvestre,
plantada en todos los lugares
donde pensaron
que nunca podría crecer.

Tú que eras parte de mí

El amor propio no es una validación externa, sino todo lo que florece en silencio dentro de ti.

Tú que eras parte de mí

La decisión.

Vives esperando un corazón que lata por ti,
a merced de las promesas de amor de los demás.

¿Seguirás dejándote elegir,
siendo la rosa entre mil en el jardín,
o finalmente abrirás tu corazón
para decidir quién merece tu amor?

Tú que eras parte de mí

*Sigo buscando con determinación
encontrar mi propio valor,
en un campo lleno de rosas
aprendiendo a manejar las espinas.*

Tú que eras parte de mí

Sobreviviente.

El dolor te ha convertido en una sobreviviente,
pero es la fuerza que te impulsa a seguir adelante.
En lo más profundo de tu alma,
encuentras la determinación de nunca rendirte.

Y así, sigues avanzando hacia el futuro,
guiada por la llama ardiente dentro de ti.
El dolor te ha convertido en una sobreviviente,
pero es tu fuerza la que te hará victoriosa para siempre.

Tú que eras parte de mí

*Está ocurriendo una nueva transformación
y ella no tiene ninguna intención
de domar el fuego
que está brotando de las cenizas.*

Tú que eras parte de mí

Los gestos no mienten.

Las palabras, encantadoras y persuasivas,
a veces se pierden en su flujo,
mientras que los gestos, simples y concretos,
conquistan el mundo sin mentir.

Las palabras pueden engañar y mentir,
ser trampas de dulzura o dureza,
pero los gestos, sin voz, no saben traicionar,
y con su verdad a menudo sorprenden a la naturaleza
humana.

Tú que eras parte de mí

¿Cuántas veces más permitirás que sus armas sean la razón de tu reacción?

Tú que eras parte de mí

Se vuelves.

No hay resentimiento, pero la memoria persiste,
el dolor sufrido ha dejado una huella.
No olvido las heridas y las lágrimas,
esas experiencias que han marcado mi alma.

Cuando vuelvas y me veas ausente,
quizás entenderás lo que has perdido.
El arrepentimiento podría surgir,
mientras te des cuenta del costo de tus acciones.

Tú que eras parte de mí

*Desearte como el mar en París,
una utopía encantada.*

Tú que eras parte de mí

Tus palabras ya no hieren.

Es cierto que tus palabras duelen,
pero ya no soy tu víctima.
Ahora, en la sombra del dolor,
despierto como una flor que florece en el corazón.

Ya no serás el arquitecto de mi destino,
tus palabras nunca más me encadenarán.
Me elevo por encima del mal que sembraste,
y me transformo en Amor.

El amor que nunca encontrarás.

Tú que eras parte de mí

*Como las mariposas que desarrollan sus alas,
así la vida siempre encuentra una manera
de seguir adelante.*

Sin arrepentimientos.

No tengas permitas que el arrepentimiento obstaculice tu camino,
la vida es un flujo en constante evolución.
Con valentía y determinación, supera los obstáculos y explora las oportunidades que esperan tu visión.

Tú que eras parte de mí

*Entre todas las desilusiones de amor
que he experimentado,
la que más me ha herido
ha sido no amarme a mí misma.*

Tú que eras parte de mí

Sé auténtica.

No cedas al juicio o a las expectativas de los demás, libera tu mente de los patrones limitantes.
Porque eres digna de amor, de alegría y de felicidad, sé fiel a ti misma, a tu autenticidad.

Tú que eras parte de mí

*Si decides no decidir,
ya has tomado una decisión.*

Tú que eras parte de mí

La elección.

La elección es solo tuya, no escuches las voces de los demás,
vive según tus valores, siguiendo tu corazón.
No te conformes con una vida que no te refleja,
libérate de las mentiras y del miedo.

Escucha esa voz que te guía hacia la felicidad,
no temas decepcionar a aquellos que no comprenden.
Sigue tu propio camino, aunque sea complicado y difícil,
porque solo tú conoces tu verdadera esencia y tu destino.

Tú que eras parte de mí

*Dire addio fa male, lo farà sempre,
ma prima che il dolore si radicasse,
qui l'amore ha germogliato per primo.*

Tú que eras parte de mí

Las cosas hermosas.

Las cosas hermosas de la vida
no son objetos materiales,
sino experiencias,
emociones y conexiones
que nos enriquecen
y nos hacen sentir plenos.

Las cosas más valiosas de la vida
no se pueden poseer
ni comprar,
sino que son intangibles
y residen en el corazón.

Tú que eras parte de mí

*A veces es necesario olvidar
lo que se siente
y recordar
lo que uno se merece.*

Tú que eras parte de mí

La diferencia.

La diferencia la hace aquel que,
después de encontrarte,
sigue buscándote,
queriéndote a su lado.

Tú que eras parte de mí

*Cuando realmente deseas algo,
todo el universo se alinea
para que puedas lograrlo.*

Tú que eras parte de mí

Todo es necesario.

Nadie entra en tu vida en vano:
o es una prueba,
una oportunidad de crecimiento,
para aprender a sanar,
o es un regalo,
una ocasión para amar y disfrutar.

Tú que eras parte de mí

*Mientras las palabras compiten,
los gestos cruzan la línea de meta.*

Tú que eras parte de mí

Escuchar de verdad.

Me gustaba escucharte.
No hablo de las palabras.
Me gustaba escuchar tus miradas,
tus gestos,
tus sonrisas,
tu alma,
tu corazón.

Tú que eras parte de mí

*Y ahora,
cuando se alejan,
ya no los persigues,
porque has comprendido
tu verdadero valor.*

Tú que eras parte de mí

El renacimiento.

Desde la sombra del amor perdido,
nace una luz radiante,
un renacimiento que se despliega,
después de la tormenta que atravesé.

Las lágrimas derramadas han lavado el alma,
liberando el peso del pasado,
y en el vacío dejado por el amor herido,
he encontrado la fuerza para comenzar de nuevo.

Cada fragmento de mi corazón roto,
se une en un mosaico de esperanza,
y es desde la ruina del antiguo amor,
que se eleva mi nueva existencia.

Me concedo la libertad de dejar ir,
las cadenas que me mantenían prisionera,
camino hacia el horizonte,
con paso decidido y corazón abierto,
sabiendo que en el fluir de la vida,
el renacimiento es un regalo que me ha sido ofrecido.

Tú que eras parte de mí

*Todo pasa cuando dejas ir,
todo llega cuando es el momento,
todo se cura cuando lo aceptas.*

www.ingramcontent.com/pod-product-compliance
Lightning Source LLC
Chambersburg PA
CBHW021127080526
44587CB00012B/1164